LA

SOUSCRIPTION,

ou

LES ENROLÉMENS RÉVOLUTIONNAIRES.

LA SOUSCRIPTION,

ou

LES ENROLEMENS RÉVOLUTIONNAIRES.

À PARIS,

CHEZ TOUS LES MARCHANDS DE NOUVEAUTÉS.

1825.

LA
SOUSCRIPTION,

LES ENROLEMENS RÉVOLUTIONNAIRES.

Il n'a servi de rien au général Foy d'avoir eu assez d'esprit pour cacher ses voies pendant les dernières années de sa vie. C'est en vain qu'il a cherché à déguiser le fond de sa pensée politique et son genre de patriotisme. Les révolutionnaires l'ont trahi le jour de sa mort; ils ont révélé le secret qu'il n'avoit donné qu'à demi; ils ont arraché brusquement de dessus sa face cette dernière moitié de rideau sous laquelle il s'étoit retiré.

Ainsi, le prophète des Abruzzes nous est maintenant connu sous sa vraie physionomie, sans équivoque ni déguisement. Les révolutionnaires le déclarent : il étoit leur chef, il étoit l'homme de leur cœur et de leurs espérances. C'est par leurs propres mains que sa réputation politique se trouve dépouillée du dernier doute qui pouvoit lui rester pour refuge. En un mot, la trahison de ses frères le met à nu devant le génie des révolutions.

Comme sans cesse ils disputent sur cette dernière expression, et qu'ils la renvoient de proche en proche, jusqu'à ce qu'elle ne trouve plus à qui s'adresser, il faut nous faire entendre une fois là-dessus, et mettre les diverses castes révolutionnaires hors d'état de répondre qu'elles ne savent ce qu'on veut leur dire.

Parmi les familles mêmes qui moissonnent aujourd'hui le champ du sang; parmi les nombreux héritiers de nos pillages publics, nous ne cherchons pas plus de révolutionnaires qu'ailleurs. Il se peut que, dans le nombre, il se trouve maintenant plus de citoyens dignes d'estime et de bienveillance que dans telles autres classes auxquelles il ne manque que des occasions de désordre et de révolution pour s'y précipiter. D'ailleurs, il ne s'agit plus pour nous de cette vieille révolution dont les crimes sont consommés et les maux sans remède; il s'agit de celles qui tendent à rejeter l'ordre social dans un moule quelconque, pour y recevoir de nouvelles formes.

Ainsi, nous comprenons sous la dénomination d'hommes révolutionnaires :

Ceux qui, par des secousses politiques, cherchent à pourvoir leur ambition, et qui ne comprennent les gouvernements qu'autant qu'ils y sont maîtres ;

Ceux qui aspirent à détourner le cours naturel de la monarchie, et dont les calculs visent à changer l'ordre de succession au trône ;

Ceux qui travaillent de tous leurs vœux et de toute leur fureur à renverser les principes monarchiques à mesure qu'ils cherchent à se relever ;

Ceux qui ne veulent souffrir dans le gouvernement réparateur des Bourbons que les idées fausses, les germes funestes et les poisons de l'esprit républicain, que le malheur des temps a forcé d'y introduire ;

Ceux dont la jalousie se révolte contre toutes les existences qui demandent à renaître des cendres de la révolution ; ceux qui ne consentent à revoir leurs victimes qu'autant qu'elles consentiront elles-mêmes à rester victimes ; ceux qui maintiennent comme dûment proscrit tout ce que leurs devanciers ont proscrit d'hommes, de choses et d'idées ;

Tous ceux enfin qui n'acceptent la royauté que par bénéfice d'inventaire ; qui sont toujours prêts à la méconnoître quand elle leur parle de justice, de saines doctrines, de morale publique et de religion ; qui n'aiment du régime actuel que son fracas, sa licencé dé la presse, ses scandaleuses indulgencés, et surtout la facilité merveilleuse avec laquelle il se prête aux agitations, aux espérances révolutionnaires, au dénigrement de l'autorité et à la subversion des principes monarchiques.

Ces données étant établies, cherchons maintenant à évaluer le mouvement factieux, ou, si l'on veut, la simple velléité de conjuration que la mort du général Foy nous a révéléc.

Cette tentative n'est heureusement que scandaleuse. Loin de profiter au parti révolutionnaire qui l'a combinée, elle ne sert qu'à laisser découvrir ses vaines irritations et l'impuissance de sa colère. On sent fort bien que si, pour faire ses preuves de haine et d'hostilité, il avoit d'autres moyens que celui de donner son argent, certes, il les emploieroit de préférence. L'argent ne se trouve ici mis en usage qu'à défaut du fer : et il est toujours bon de savoir que cette dernière raison leur manque, malgré toute la puissance de l'autre.

Il n'est pas moins satisfaisant de remarquer aussi, qu'apparemment les chefs de parti ne se trouvent plus à bon marché, puisqu'il est aujourd'hui prouvé que quand on en perd un seul, il faut des primes d'encouragement aussi fortes pour en séduire de nouveaux. Quoi ! les révolutionnaires en sont là! Pour remplacer un serviteur zélé, ils sont obligés de recourir aux moyens les plus extraordinaires, aux grandes récompenses *nationales*, aux larmes et aux simagrées nationales, aux aumônes et aux quêtes nationales, en un mot, à tout le matériel de cette vieille artillerie nationale, qu'ils ont usée en explosions, et qui ne produit plus qu'un vain fracas.

Et ils ont la simplicité de croire que nous sommes très-piqués de les voir réduits à ces tristes expédients, à ces dernières extrémités de leur tactique! Qu'ils se désabusent; nous avons plus de raisons pour nous en réjouir que pour nous en affliger. La colère les a rendus indiscrets, et nous saurons faire profit de leurs révélations.

Dans cette souscription insolente, dont les initiés de la cause révolutionnaire ont entendu faire une sorte de conjuration générale, la France ne verra qu'une ridicule pantalonnade, qu'une imprudente levée de boucliers, qui ne sauroit avoir d'autre résultat que de servir d'avertissement aux gens de bien.

Le *Constitutionnel* a rangé en bataille toutes les forces du parti révolutionnaire; il en a fait le dénombrement, dans la vue de les constater et de les lier par une espèce d'enrôlement public. Or, c'est ce dénombrement lui-même qui met en évidence la foiblesse des conjurés, que l'esprit de vertige et une certaine imprévoyance de l'avenir amènent dans son bureau d'enregistrement.

- Quand il ne faudroit pas retirer des factieuses listes qu'il publie avec tant de fracas et de char-latanerie, cette grande quantité de noms politi-ques et militaires qui n'arrivent là que par des entraînements généreux et des souvenirs de com-pagnons d'armes; quand ces listes seroient encore plus boursouflées et plus fières de toutes leurs aumônes *nationales*, en dernier résultat, que nous apprendront-elles de nouveau, et quelles nou-velles recrues amènent-elles aux révolutionnaires? Pour nous, qui les examinons avec attention pour y chercher des naissances, nous y reconnoissons toujours les mêmes figures et les mêmes acteurs que les charlatans du parti ont déjà présentés cent fois dans leurs lanternes magiques. C'est tout simplement un mauvais répertoire de farces qui augmente, sans qu'il y ait rien de changé dans le nombre et le personnel des comédiens : seulement, nous les connoissons mieux; et, à force de nous dire leurs noms, ils nous mettent plus en état de les retenir.

Assurément les révolutionnaires nous connois-sent trop bien, pour craindre que nous abu-sions de leurs listes comme ils ont jadis abusé des nôtres, pour envoyer à l'échafaud les malheu-reux signataires de deux pétitions célèbres, où l'on avoit osé demander la grâce de Louis XVI et celle de la monarchie. Mais pourtant ils devroient bien permettre du moins qu'on se souvînt d'eux dans l'occasion, pour leur fermer les portes par lesquelles on peut arriver aux faveurs, aux grâces et à la confiance du Souverain : car de quel droit les ennemis de la royauté crieroient-ils plus fort pour une pension qu'on leur ôteroit, qu'ils ne permettoient aux ennemis de la révolution de se récrier sur ce qu'ils leur ôtoient la vie? Qu'auroient-ils à dire si on les prenoit au mot sur leurs actes d'hostilité; si l'on faisoit réimprimer et afficher partout ces imprudentes listes de souscripteurs qu'ils lancent contre le Gouvernement, comme des manifestes; si l'on venoit à ramasser froidement ces gages de combat, et à leur signifier une ferme volonté de représailles? Comment soutiendroient-ils d'orgueilleux défis et d'insolentes bravades, qu'ils ne hasardent évidemment qu'après avoir long-temps sondé notre patience et mesuré toute son étendue?

Rien, à coup sûr, ne seroit plus raisonnable que de leur dire : On ne cherchoit point à vous connoî-
» tre. Le gouvernement du Roi ne vous demandoit
» point le dénombrement et la liste imprimée de
» ses ennemis; mais puisque vous l'offrez de vous-
» même, on l'accepte : elle servira de règle et de
» guide à ceux qui sont chargés de vérifier les titres

» et les mérites de chacun. Vous pouvez être sûrs
» que votre profession de foi ne sera point ou-
» bliée, et qu'on aura soin de l'enregistrer par-
» tout où besoin sera, pour qu'elle demeure
» comme attachée à tous vos pas et à tout votre
» avenir. Elle préservera la monarchie de votre
» contact, de votre participation à ses affaires,
» et des graves méprises qu'elle eût pu com-
» mettre en vous réchauffant dans son sein. Al-
» lez vous remettre en bataille, si vous voulez,
» sous le commandement du *Constitutionnel;*
» mais conseillez-lui de ne pas vous faire marcher
» de sitôt, et de se contenter de votre argent. »

Toutefois, on seroit tenté de croire que la con-
sidération la moins propre à toucher les révolutionnaires est celle des intérêts matériels qu'ils
pourroient retirer du gouvernement monarchique. A voir les pluies d'or qui tombent, comme
par enchantement, dans leurs souscriptions,
n'est-il pas visible, en effet, que leur récolte est
finie, et qu'ils ne savent plus que faire des ri-
chesses dont ils sont gorgés? Quelle différence de
leur sort avec celui de ces pauvres royalistes qui
continuent de mourir comme ils ont vécu depuis
trente-cinq ans! Hélas! les ennemis dont l'impla-
cable haine les poursuit encore, les ont mis pour
long-temps hors d'état de se montrer aussi pro-
digues et aussi follement généreux. Mais du

moins c'est une grande consolation pour eux de savoir que leurs dépouilles ne sont point perdues, et qu'elles servent à faire l'aumône aux héritiers actuels ou présomptifs de quatre-vingt mille francs de rentes. Témoins des vives sollicitudes avec lesquelles on se croit obligé d'ajouter à ce foible moyen d'existence, l'énorme produit de la quête actuellement ouverte dans toute la classe révolutionnaire du royaume, ils remarqueront aussi avec plaisir, sans doute, qu'on n'en veut plus aux grosses fortunes, et que l'ardeur du pillage s'est heureusement épuisée sur celles qu'ils possédoient.

Ici néanmoins il faut faire une observation qui rend à la prétendue récompense nationale son véritable caractère de sédition et d'hostilité : c'est que les coryphées mêmes de la souscription ne peuvent dissimuler la répugnance avec laquelle ils perdent leur argent à ce jeu démagogique. L'un d'eux n'a-t-il pas eu la naïveté d'écrire dans les journaux : « D'après telle et telle considéra-
» tion, *je me décide* à donner encore deux mille
» cinq cents francs?»

Ces expressions, il est vrai, ont l'inconvénient de trahir le secret des révolutionnaires ; mais, à cela près, comme elles rendent bien la situation d'esprit d'un honnête homme qui, par un motif secret, se trouve réduit à faire semblant d'être générenx, et dont la main ne s'ouvre qu'avec effort pour laisser partir des générosités que son démon politique lui arrache. *Je me décide* : voilà qui exprime mieux que tous les commentaires le mérite et la qualité de l'aumône. On croit voir une offrande apportée aux dieux infernaux par le génie de la Discorde. Ce vieux personnage de Molière, qui ne quitte son argent qu'après les plus violents combats de la nature, dit aussi : « Tiens, Scapin, *je me décide* » à donner les cinq cents écus. »

Cependant, il est juste d'en convenir, ce genre de mauvaise grâce et de naïveté ne se laisse pas aussi bien découvrir dans les autres souscripteurs. Par exemple, on ne voit point du tout tergiverser ce pauvre Salinois, qui, pour ses vingt sous, vient prier le *Constitutionnel* de l'enrôler dans sa petite armée révolutionnaire. Je suis un malheureux incendié, dit-il ; j'ai tout perdu, je me trouve à l'aumône, et j'attends les produits d'une quête pour cesser de coucher dehors : mais voici vingt sous que je vous apporte, car le plus pressant de mes besoins est de faire savoir à tous les royalistes dont je reçois la charité, que je veux vivre et mourir dans la foi révolutionnaire.

Ce pauvre Salinois, comme on l'appelle dans les journaux antimonarchiques, avoit sans doute un accès de fièvre qui l'aura empêché de sentir l'insolence de sa démarche et l'énormité de sa folie. Mais il est bon de citer cet exemple, pour prouver que le *Constitutionnel* compte tout dans son dénombrement, et que, pour avoir un insensé de plus à enregistrer, il iroit frapper à la porte des petites-maisons.

Ainsi, lorsqu'il aura complété sa liste, nous verrons toutes les forces de l'ennemi réunies sous son drapeau : encore aurons-nous, comme nous l'avons dit, bien des noms à en retirer. Mais, pour fournir nous-mêmes une règle sûre d'évaluation à ce sujet, nous convenons d'avance qu'il ne peut y en avoir un seul à retrancher parmi les nombreux souscripteurs de cinq francs et au-dessous; car il est impossible que, sans être visiblement *marqué du signe de la bête*, comme dans l'Apocalypse, on vienne se présenter avec autant de bruit et d'affectation pour un intérêt aussi minime : il faut qu'on soit pénétré, comme on l'est, de l'idée qu'il s'agit d'une liste ouverte par l'esprit de haine et de révolte ; que c'est un brandon de discorde, un signe de ralliement et une promesse de rébellion qu'on y apporte sciemment et à mauvais dessein. Oui, nous le répétons, il faut être sous l'inspiration et au pouvoir du démon des révolutions, pour venir prendre de pareilles places dans les rangs de la sédition, pour aimer mieux afficher sa démence et sa misère, que de cacher sa fureur contre le gouvernement royal.

Nous disons plus : il faut qu'il y ait là-dessus quelque chose de clairement entendu entre les donateurs et les donataires, pour que des laquais, des garçons boulangers, des cuisinières et des gens de peine de toute dénomination osent apporter trente et quarante sous d'aumône à une famille dont l'existence et la fortune sont des plus brillantes. S'il n'y avoit pas, dans de pareilles charités, un principe de conjuration qui autorise toutes les hardiesses d'un côté, et fait taire toute pudeur de l'autre, le seul ridicule dont elles sont frappées suffiroit pour les faire repousser avec indignation ; mais heureusement la mauvaise intention les fait excuser.

Pour exercer la niaiserie des oisifs et des esprits superficiels, on tâche donc de multiplier les farces démagogiques, et de réveiller les bons souvenirs. En faisant défiler sous les yeux du Gouvernement, tout ce qu'on peut ramasser d'acteurs pour ces saturnales et ces évolutions de guerre, et surtout en ramenant la partie stupide de la multitude à ces sortes de représentations, on espère se rendre imposant, et accoutumer le peuple à juger des forces du pouvoir monarchique, par l'impunité des ennemis de la royauté. D'essais en essais, de petites secousses en secousses un peu plus hardies, on veut pouvoir en venir quelque jour, d'une manière inaperçue, à un ébranlement général et décisif?

Nous convenons que ces calculs ont l'inconvénient de faire des dupes; mais il en reste encore bien des millions à faire avant que le parti révolutionnaire puisse compter dans son dénombrement de quoi contre-balancer les forces du trône et de la légitimité. Qu'on se repose sur lui du soin de nous avertir des périls de la monarchie quand ils approcheront; il est trop impatient pour attendre que son armée soit au complet. La preuve qu'il sent bien qu'elle est loin de l'atteindre, c'est qu'il y enrôle au rabais, pour quelques centimes, tous les malheureux de place qui veulent bien lui aider à faire des nombres.

Des observations qui précèdent, concluons que la mort du général Foy n'a produit que des velléités de conjuration plus propres à faire bafouer ses consorts qu'à leur promettre des triomphes; que leur souscription ne rendra rien que de l'argent, du mépris et du ridicule; qu'à la vérité, elle leur a servi de prétexte pour faire de menaçantes démonstrations de guerre; mais qu'en fait de recrues nouvelles et de visages inconnus, elle n'a encore amené sur le théâtre des

hostilités qu'un échappé de Salins et une cuisi-
nière de député.

Si après cela on veut examiner en détail les
signes de folie que ce mouvement d'ivresse révolutionnaire ne leur a pas permis de cacher, on
verra que l'absurde idolâtrie qu'on croyoit être le
partage exclusif du grand lama, se trouve sur-
passée par leur apothéose du général Foy. Non
contents de disputer sa dépouille aux funèbres
oiseaux de la mort, ils se sont partagé son dernier manteau en plusieurs milliers de morceaux,
dont la dévotion révolutionnaire s'est fait de pré-
cieuses reliques. Et observez, en passant, que ces
gens-là frémissent de fureur et d'indignation
quand on leur parle du respect des autres pour
les reliques qui ont pu être laissées sur la terre
par les modèles de la vie morale et de la vertu.

Puisqu'ils nous forcent eux-mêmes d'examiner
leurs voies, et de sonder l'esprit qui les anime,
qu'ils nous permettent de retrouver dans leur
conduite antérieure les exemples dont nous avons
besoin pour caractériser leur conduite actuelle.
Presque tous leurs grands hommes de la révolution ayant été privés des honneurs de la sépul-
ture, nous ne sommes pas trop maîtres du choix
de nos rapprochements. Mais n'est-ce pas leur
faute si nous sommes réduits à rappeler les funé-

railles d'un autre *ami du peuple* à l'occasion de celles du général Foy ? Bien loin de nous la pensée de faire porter nos comparaisons sur deux portraits qui n'ont heureusement aucune ressemblance ! Mais il s'agit ici de comparer les révolutionnaires à eux-mêmes, et de prouver qu'ils n'ont changé, depuis trente deux ans, ni d'allure, ni de formes, ni de méthodes. Ce sont eux qui ont exposé le général Foy à des souvenirs qui l'eussent indigné, si ses yeux eussent pu se rouvrir sur leurs folles démonstrations et leurs coups de théâtre. Si, en effet, leur enthousiasme s'est exalté à ses funérailles de la manière dont ils le décrivent, rien de pareil n'étoit arrivé depuis l'apothéose d'un autre *ami du peuple*, d'odieuse mémoire. S'il est vrai que des groupes de femmes de la dernière classe pleuroient au coin des rues ; si des cris de douleur, si des gémissements publics, si la voix d'un deuil universel redemandoit à la tombe un orateur dont le peuple avoit à peine entendu prononcer le nom, comment ne craignent-ils pas de reporter nos comparaisons et nos souvenirs sur des signes tout pareils d'idolâtrie, prodigués, à une autre époque, en faveur d'une renommée à jamais flétrie dans nos annales ? Cette uniformité de conduite de la part des ennemis de la royauté autorise à croire qu'ils n'ont qu'une manière de célébrer les funérailles de leurs grands hommes, et d'exprimer les grandes afflictions publiques : c'est de faire pleurer leurs valets de comédie.

Mais on ne peut sérieusement remarquer ces misérables bouffonneries, ces vieilles scènes du répertoire des charlatans. Ce qui est mieux constaté et plus triste, c'est qu'au bord de la tombe du général Foy, on n'a pas plus parlé de la monarchie qu'on n'en parla, il y a trente-deux ans, dans le caveau funéraire de Marat ; c'est que le général Foy a été enterré sans qu'on ait pu distinguer s'il étoit mort sujet d'un roi, ou citoyen d'une république ; s'il sortoit d'une tribune de députés français, ou d'un club de la révolution. Les adieux dont on l'a salué ont bien constaté qu'il étoit mort dans les vrais principes du patriotisme, et dans les hautes croyances républicaines ; mais ils nous laissent ignorer s'il a jamais éprouvé un sentiment de fidélité pour ses maîtres légitimes, ni un regret d'avoir si outrageusement consacré ses talents à leur susciter des ennemis, et à méditer la subversion de leur trône.

Malgré cela, on nous demande pour lui beaucoup de larmes et d'argent, des monuments de reconnoissance publique, des récompenses *nationales*. Mais, de bonne foi, si l'esprit de vertige n'avoit pas altéré tous les sentiments, banni toute pudeur et perverti toutes les pensées, ose-

rait-on proposer de telles générosités, et de tels
encouragements en faveur des ennemis de la
royauté, lorsqu'il est notoire que ses plus nobles
défenseurs végètent dans l'indigence et l'obscu-
rité? Dans une monarchie à laquelle on ne vou-
droit pas insulter par une impudence calculée et
par une sorte d'impénitence finale, comment
pourroit-il paroître plus naturel d'apporter des
tributs de reconnoissance publique à la veuve
d'un général mort dans les rangs révolutionnaires,
qu'à tant de veuves de la fidélité bretonne qui se
contentent des plus modiques pensions, et dont
les noms héroïques ne cherchent point à sortir
des retraites modestes où ils se tiennent comme
ensevelis? Est-ce que les familles qui ont si puis-
samment contribué à relever le trône sont moins
intéressantes que celles qui n'ont trouvé de pensées et d'efforts que pour l'ébranler?

Les révolutionnaires sont conséquents, sans
doute, d'affectionner avec persévérance tout ce
qui peut tendre à rallumer le feu des discordes,
et à déraciner les principes sur lesquels repose
tout l'édifice de la monarchie; mais comment es-
pèrent-ils dominer la raison publique, jusqu'à
vouloir faire passer leur enthousiasme et leurs
fausses joies, plus loin que la classe des servantes
et des cochers de place, dont ils extorquent les
centimes?

Du reste, quand nous leurs permettons de faire entre eux leurs séditieuses collectes, osent-ils bien se moquer de ceux qui ne trouvent pas aussi vite que les banquiers des révolutions, de quoi doter les enfants du dernier martyr de la famille royale. Il y a dans ce reproche quelque chose de plus que de l'impudence; il est empreint d'une froide atrocité.

Oui, sans doute, les hommes de la royauté procèdent plus lentement dans leurs souscriptions, que les hommes de la révolution; mais cela vient tout naturellement de ce que ceux qui ont perdu les dépouilles opimes de l'ancienne France sont forcés d'être moins généreux que ceux qui les ont trouvées. Observons, toutefois, que c'est là le plus beau côté de la cause des royalistes. Tout le monde sait qu'il n'y a point d'argent à gagner avec eux, tandis que, dans le camp ennemi, l'or coule à flots pour séduire les ambitions antimonarchiques, pour lever des recrues contre l'autel et le trône, pour doter la trahison, pour acquitter, avec des récompenses *nationales*, des services révolutionnaires. Cependant on reste dans leurs rangs; on ne voit personne s'en retirer pour convertir en argent ses sentiments de fidélité. La France demeure ralliée autour de la monarchie légitime. On n'entend pas dire que les veuves et les orphelins des héros de la Vendée envient

aux orphelins et aux veuves des héros de la révolution les riches dotations qui leur sont offertes
par la reconnoissance d'une poignée de factieux.
Il y a des services qui ne valent que de l'argent;
il y en a d'autres qui valent de l'honneur et de
la gloire. On ne doit pas craindre que le mérite
de ces derniers cesse de fixer le goût général de
notre nation.

Nous en conviendrons, au surplus : après le
désavantage de n'avoir point d'argent à répandre
en folles prodigalités, c'en est un autre pour les
royalistes, que de ne rien comprendre à l'art
merveilleux des charlatans. Voilà pourquoi ils ne
songent pas à tirer parti des événements que les
hommes de la révolution sauroient si bien exploi-
ter à leur place. Ils perdent aussi des notabilités :
il leur meurt des amis dignes de leurs regrets :
mais ils se contentent de les enterrer suivant les
anciennes méthodes, sans pousser de cris séditieux,
sans disputer à la mort sa dépouille et son triom-
phe, sans faire des milliers de reliques révolutionnaires avec des morceaux de draps mortuai-
res. Ils ne vont point remuer tous les boulevards
de la capitale, pour faire fermer les boutiques à
prix d'argent; il ne leur vient point à la pensée de
solder des groupes de pleureuses au coin des rues :
ce sont des farces renouvelées de la tribune des
Jacobins. Ces moyens et ces images révolution-

naires, ils ne les connoissent que pour les mépriser.

Mais, en avouant qu'ils sont privés des avantages de l'argent et du charlatanisme, les royalistes se félicitent de compter dans leurs rangs, des hommes loyaux et désintéressés, dont le patriotisme n'a pas besoin d'être exalté par l'appât des souscriptions et des aumônes dites *nationales*. Ils n'ont point de millions à dépenser pour donner du relief à leur cause, parce qu'elle est noble, et qu'elle renferme en elle-même les seules récompenses qui soient dignes d'elle : l'honneur, la conscience du bien et de la fidélité. Quand ils ont le malheur de perdre un vrai serviteur de la monarchie, ils le retrouvent sans argent, sans bouffonneries séditieuses ni aucunes saturnales révolutionnaires.

IMPRIMERIE DE C. J. TROUVÉ, RUE DES FILLES-SAINT-THOMAS, N. 12.